지은이 윤민용

어린 시절부터 그림책과 역사책, 지도 그리고 여행을 좋아했습니다. 대학생 때, 교환학생으로 미국 뉴욕에 체류하면서 박물관의 즐거움을 알게 되었습니다. 졸업 후 경향신문사에서 기자로 일했으며, 한국예술종합학교, 한국학중앙연구원 한국학대학원에서 한국미술사를 전공했습니다. 미국 메트로폴리탄박물관에서 대학원생 인턴으로 일했고, 지금은 조선 시대 궁중 회화를 공부하며 학생들을 가르치고 있습니다. 어린이들에게 우리나라의 역사와 문화에 대해 알려 주고 싶어서 《여행길에 만난 국립 박물관》, 《역사가 숨 쉬는 우리 성곽》 등을 썼습니다.

그린이 이화

숙명여자대학교를 졸업하고, 한성대학교에서 동양화와 진채 석사를 졸업했습니다. 한겨레 아동문학 작가 학교를 졸업하였습니다. 대한민국 민화공모대전 특선, 한양예술대전 불화 부문 특선 등 여러 민화 공모전에서 상을 받았습니다. 감성민화연구소 대표로 LG 스마트 월드 홈테마, 월페이퍼, KBS, SBS, OBS 등 방송 삽화 작업을 하였으며, 민화를 가르치고 있습니다. 한국민화협회와 한국진채연구회 회원으로 다양한 전시 활동을 하고 있습니다. 전통에 숨겨진 재미난 구석을 찾아 온 세상에 널리 알리고 싶은 꿈이 있습니다.

● 참고한 책과 그림

원 자료 〈명니의궤 성역도〉(프랑스 국립도서관) | 〈동궐도〉(동아대학교 박물관, 고려대학교 박물관) | 《어제준천제명첩》(부산시립박물관) | 《원행정리의궤도》(국립중앙박물관) | 《조선왕조실록》(국사편찬위원회) '화성원행도' 병풍(국립중앙박물관) | 《동국여도》, 《원행을묘정리의궤》, 《화성성역의궤》(서울대학교 규장각 원문 검색 서비스)

단행본 박정혜, 《조선시대 궁중기록화 연구》, 일지사, 2000. | 수원화성박물관, 《원행을묘정리의궤 역주》, 2015. | 수원화성박물관, 《화성성역의궤 역주》, 2016. | 유재빈, 《정조대 궁중회화 연구》, 사회평론, 2022. 정조 명찬, 김문식 역해, 《원행을묘정리의궤 : 사도세자의 복권을 위한 1795년의 특별한 행사》, 아카넷, 2020.

도록 국립중앙박물관, 《조선시대 궁중행사도》 1~3, 2010-2012. | 동아대학교박물관·고려대학교박물관, 《동궐》, 2012. | 수원화성박물관, 《정조, 8일간의 수원행차》, 2016. 수원화성박물관, 《천하명당 수원 현륭원》, 2019.

이미지 본 저작물은 "문화포털"에서 서비스 되는 공공누리 제1유형으로 개방한 '구름문(9665), 구름문(8498), 구름문(10168), 구름문(9275), 구름문(8984)'을 이용하였으며 해당 저작물은 문화포털 홈페이지(https://www.culture.go.kr)에서 무료로 이용 가능합니다.
표지 사용 이미지 Getty Images Bank

● 이 책은 1795년 정조의 화성 원행을 기록한 의궤와 기록화, 그 밖의 회화와 지도 등을 바탕으로 재구성한 작품입니다.
이 책에 언급된 날짜는 모두 음력 기준입니다.

1795년, 정조의 행복한 행차

초판 1쇄 발행 2023년 11월 15일 **초판 3쇄 발행** 2024년 7월 17일 **지은이** 윤민용 **그린이** 이화 **펴낸이** 권은수 **펴낸곳** 도서출판 봄볕 **만듦** 박찬석, 장하린 **꾸밈** 여희숙 **가꿈** 성진숙 **알림** 강신현, 김아람 **살림** 권은수 **함께 만든 곳** 피오디 북, 가람페이퍼 **등록** 2015년 4월 23일 제25100-2015-000031호 **전화** 02-6375-1849 **팩스** 02-6499-1849 **전자우편** springsunshine@naver.com
블로그 http://blog.naver.com/springsunshine **인스타그램** @springsunshine0423 **ISBN** 979-11-93150-18-4 77910 ⓒ 윤민용, 이화, 2023 *책값은 뒤표지에 적혀 있습니다.
*봄볕은 올마이키즈와 함께 어린이를 후원합니다. *이 책은 콩기름을 이용한 친환경 방식으로 인쇄했습니다. *KC마크는 이 제품이 공통안전기준에 적합함을 의미합니다.
*이 책은 저작권법에 따라 보호받는 저작물이므로 무단 전재와 복제를 금합니다.

1795년, 정조의 행복한 행차

華城園幸圖 화성원행도를 따라가 보다

윤민용 지음 | 이화 그림

봄볕

"아버님이 세상을 뜨신 지 어느새 30여 년. 2년 뒤면 돌아가신 아버님과 홀로 되신 어머님의 회갑이구나. 아버님이 살아 계실 때 효도를 다하지 못하였고, 어머님 또한 아버님 묘소에 한 번도 가 본 적이 없으니, 이번 기회에 어머님을 모시고 화성 현륭원을 참배하여 어머님을 위로하고 자식의 도리를 다하고 싶구나. 이참에 화성에서 간소하게나마 어머님을 위한 회갑연을 정성을 다해 열어 드려야겠다."

1793년 음력 1월 19일, 국왕 정조는 결심했어. 2년 뒤 1795년, 을묘년에 어머니 혜경궁과 돌아가신 아버지, 사도세자의 회갑을 기념하는 잔치를 화성 행궁에서 열기로 했어.

조선 시대 역사상, 국왕이 어머니를 모시고 한양 궁궐 밖으로 선왕의 능을 찾아 떠난 일은 한 번도 없었어. 도성 밖에서 궁중 잔치를 여는 일도 처음이었지.

정조는 2년 동안 차분하게 잔치를 준비했어. 잔치에 들어가는 비용을 세금이 아닌 다른 곳에서 마련하도록 하고, 창덕궁에서 화성 행궁으로 가는 길을 정비했지. 과천을 지나 화성 행궁으로 가는 길은 고갯길이 험하고 다리가 많아서, 시흥 쪽으로 넓고 평평한 길을 새로 닦았어. 안양천을 건너기 위해 만안교를 놓고, 화성으로 가는 길에 머무를 시흥 행궁을 수리하고, 잔치가 열리는 화성 행궁도 고치고 늘려 지었지. 혜경궁이 탈 가마도 공들여 만들었어. 행사를 총감독하는 정리소라는 임시 기관도 만들었지.

1795년 음력 2월. 다음 달이면 화성에서 혜경궁의 환갑잔치가 열릴 거야. 국모의 환갑잔치인 만큼 국왕 정조와 신하들은 온 백성과 기쁨을 나누기 위해 여러 행사를 기획하고 차분하게 준비했어.

수많은 사람이 한강을 안전하게 건널 수 있게 배다리도 설치했어. 잔치에서 출 춤도 여러 번 미리 연습을 했어. 한양에서 화성까지 동행하는 인원만 왕족과 궁녀, 군인과 관료, 대신 등 육천여 명에 달하니, 행렬의 순서를 그림으로 그려서 각자의 위치를 미리 익히도록 했어.

1795년 윤2월 9일.
조선 시대 역사상 처음 있는, 궁궐 밖 왕실 잔치를 위한 7박 8일간의 거대한 행차가 시작되었어. 이른 새벽, 창덕궁 돈화문을 빠져나온 행렬은 종로와 숭례문을 지나 배다리를 통과해 노량진으로 건너갔어. 별기대와 의장대가 국왕과 국모의 행차를 알리고, 그 뒤로는 이번 행차 일을 도맡은 관리들의 행렬이 이어졌어. 국왕 정조는 말을 타고, 혜경궁이 탄 가마 뒤를 따랐어.

노량 행궁에서 잠시 쉬고 점심을 먹은 뒤, 다시 길을 떠나 시흥 행궁에서 하룻밤을 머물렀어. 평상시에는 보기 어려운 국왕과 국모의 행차 소식을 듣고, 도성 안팎의 백성들이 길가로 몰려들었어. 구경꾼이 몰려들자, 엿장수도 좌판을 들고나왔지.

행차 이튿날인 윤2월 10일에는 비가 오고 흐렸어. 정조 일행은 시흥 행궁에서 아침 수라를 먹고 일찍 출발했어. 어가가 안양 참 앞을 지나며 휴식을 취할 때, 정조는 가마를 타고 먼 길을 이동하는 어머니를 걱정하며 혜경궁에게 직접 미음을 올렸지. 그러고는 사근평 행궁에서 점심을 먹었어.

오후가 되자 비가 더 거세져서 길이 질고 미끄러워졌어. 정조는 우비를 입은 채 어머니의 가마를 찾아 괜찮은지 문안을 여쭈었어. 굳은 비로 인해 행차는 더뎌졌지만, 정조는 덕분에 길이 깨끗해지고 농사를 앞두고 비가 내려 농부에게는 기쁜 일이라고 하였지. 행렬은 저녁 무렵에 화성 행궁에 도착했어.

윤2월 11일, 화성 행궁에서 본격적인 행사가 시작되는 날이야. 첫날에는 사도세자의 무덤인 현륭원을 참배하기로 하였는데, 한양에서부터 화성에 이르는 기나긴 여정 때문에 혜경궁이 피로할까 염려하여 정조는 행사의 순서를 일부 바꾸었지.

이날 아침 일찍 정조는 가장 먼저 화성 향교의 대성전을 찾았어. 대성전은 조선의 유교 사상을 확립하고 발전시킨 공자와 주희 등 중국의 성현 21명과 우리나라 유학자 15명의 위패를 모신 곳이야. 정조는 화성 향교를 참배한 후에, 향교 건물이 낡고 허술하다며 수리를 지시하였지. 그리고 이날 행사에 참여한 유생들에게 특별 과거 시험을 볼 수 있도록 했어.

화성 성묘를 마친 후, 정조는 화성 행궁으로 돌아와 낙남헌에서 시행되는 문무과 별시를 지켜봤어. 정조와 혜경궁의 화성 원행을 기념하여 화성과 가까운 수원, 광주, 시흥, 과천에 거주하는 자들만 응시할 수 있는 특별 과거 시험이었지.

합격자 명단은 오후에 발표했어. 이날 문과 시험에 합격한 사람은 5명, 무과에 합격한 사람은 56명이었어. 정조는 합격자들에게 합격 증서인 홍패와 어사화, 복두와 관대 등의 예물을 하사하고, 술과 안주를 내렸어.

윤2월 12일은 혜경궁이 남편 사도세자의 묘인 현륭원을 참배하기로 한 날이야. 이날 새벽 정조는 일찌감치 혜경궁을 모시고 이동했어. 말을 탄 정조는 혜경궁보다 현륭원에 먼저 도착해서 의관을 정제하고 혜경궁을 맞아들였어. 혜경궁은 유옥교로 갈아타고 사도세자의 무덤에 다다랐어. 수십 년 만에 남편의 무덤을 둘러보는 혜경궁은 비통해했고, 정조의 누이인 청선군주와 청연군주 또한 내내 울음을 그치지 않았어. 그런 어머니를 보는 정조 또한 슬펐지.

현륭원 참배를 마치고 돌아온 뒤, 정조는 이날 오후에 화성에서 병사들을 모아 군사 훈련을 했어. 갑옷을 입고 투구를 쓴 정조는 말을 타고 화성 성곽에서 가장 높은 서장대에 올라 군사 훈련을 지휘했어. 서장대에서는 화성 행궁과 새로 조성한 화성 시가지, 한창 짓고 있는 성곽이 훤히 내려다보였지. 병조와 장용영 소속의 군사들이 신호에 따라서 성문을 열고 닫고, 깃발을 올리고 내리고, 도로에 매복하는 등 다양한 훈련을 했지. 밤에도 훈련이 이어져서 화성 성곽을 따라 횃불을 올렸고, 화성 시가지에도 횃불을 내걸었어. 이날 군사 3,700여 명이 참여했고, 정조는 다음 날 새벽까지 군사 훈련을 지켜봤어.

윤2월 13일. 드디어 혜경궁의 환갑을 기념하는 궁중 잔치가 이른 아침부터 시작되었어. 혜경궁은 정조가 어머니의 장수를 기원하며 직접 이름을 지은 봉수당 안쪽 연회석에 앉아서, 붉은색으로 염색한 대나무살을 엮어 만든 주렴 너머로 잔치를 지켜보았어. 봉수당 앞마당에 널판을 이어 붙여 만든 보계 한가운데에 무대가 만들어지고, 남쪽 끝에는 악사들이 자리했어. 무대 좌우측에는 모자 위에 꽃을 단 손님들이 앉아 잔칫상을 받았지.

정조가 혜경궁의 장수를 기원하며 술을 올리고, 어머님의 회갑을 축하하는 글을 읽고, 양손을 이마에 대고 '천세 천세 천천세'를 외쳤지. 만수무강하시라는 뜻이야. 초대받은 모든 이들이 정조와 똑같이 산호를 외쳤어.

술잔을 올릴 때마다 흥겨운 음악이 연주되고 색동저고리를 입은 무희들은 각기 다른 춤을 추었지. 이 기쁜 날을 맞아 정조는 직접 시를 지어 어머니께 올렸고, 9년 뒤 어머니의 칠순 잔치를 다시 화성에서 치르겠다고 결심했지.

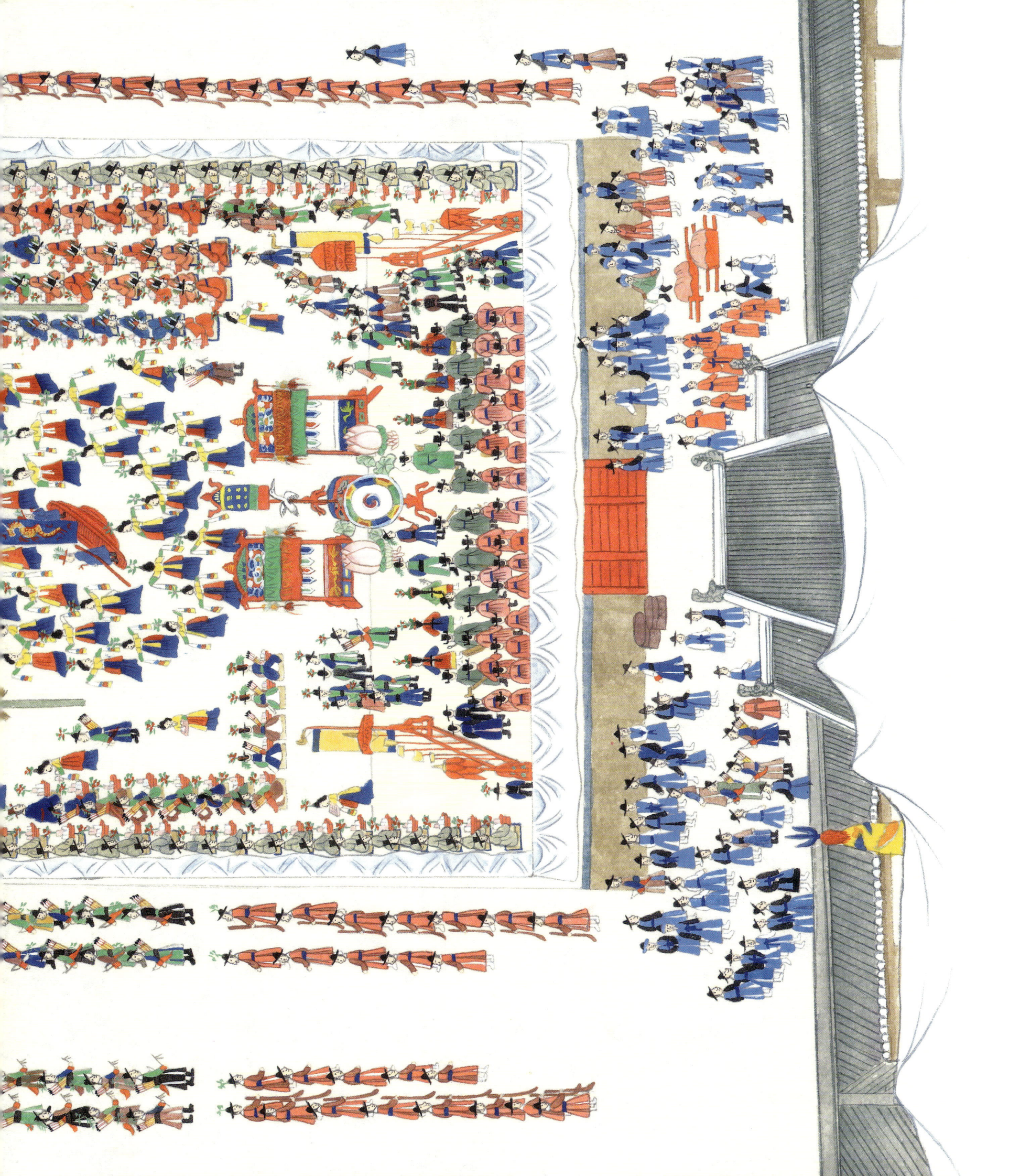

다음 날은 화성에서 머무는 마지막 날이야. 이날 정조는 이른 아침부터 어머니 혜경궁의 이름으로 가난한 백성들에게 쌀과 죽을 나눠 주었어. 정조는 직접 화성 행궁 정문인 신풍루에 가서 쌀과 죽, 소금과 간장, 미역 등을 나눠 주었어. 거리가 떨어진 마을에는 승지를 보내 백성들에게 쌀을 나눠 주었지. 백성들이 끼니를 해결하고, 힘든 때 곡식을 베푼 혜경궁의 은덕을 오래도록 칭송하리라 믿으면서.

이뿐 아니라 정조는 화성 원행을 준비하고 남은 돈 2만 냥으로 곡물을 사서 전국에 나눠 주고 환곡으로 쓰게 했어. 백성들이 이를 빌려 밭을 갈고 씨를 뿌려 가을에 수확물로 이자를 갚도록 한 것인데, 이 역시 혜경궁의 은혜를 많은 이들에게 베풀고 길이길이 기억하라는 뜻에서였지.

같은 날 오전에는 화성 행궁의 낙남헌에서 성대한 양로연이 열렸어. 예부터 조선은 노인을 우대하는 양로연을 열곤 했어. 이날은 화성 근처에 거주하는 혜경궁과 동갑내기로, 을묘년에 환갑을 맞은 이들과 70세 이상의 관료, 80세 이상의 평민과 선비 등 노인 384명을 초대했지. 국왕은 무병장수를 기원하면서 지팡이에 매라고 실로 짠 노란 명주와 비단을 한 필씩 선물했어.

색동저고리를 입은 무희들의 춤, 맛난 음식에 아름다운 음악이 울려 퍼지니 얼마나 흥겨웠겠어. 사방에서 구경꾼이 몰려들었고, 정조는 멀리 지방에서 국왕의 행차를 보기 위해 양로연에 구경 온 노인들에게도 음식을 내렸어. 이 모든 것이 어머니, 혜경궁의 은덕이라며 말이야.

양로연이 끝나고 나서는 화성 행궁에서 열린 화려한 잔치를 마무리하는 행사가 열렸어. 정조는 이번 행행을 준비하는 데 공이 컸던 신하 19명을 불러 득중정에서 활쏘기를 했어. 각기 다른 화살로 총 60발을 쏘았는데, 정조는 51발을 맞혀서 1등을 했어. 해가 저물고 나서는 야간 활쏘기도 했어. 작은 표적 좌우에 햇불을 설치하고 활쏘기를 했지.

또 화성에 머무는 마지막 밤이었기에 특별히 매화포도 터뜨렸어. 원래 군사 훈련이 끝나고 나면 매화포를 터뜨린다면서 말이야. 이날만큼은 혜경궁도 낙남헌 앞마당으로 나와서 불꽃놀이를 감상했지. 폭약이 밤하늘을 붉게 수놓은 장관을 보러 화성에 사는 백성들도 몰려나왔어. 아이들은 거대한 굉음에 깜짝 놀라 도망가기도 했지.

윤2월 15일 이른 아침부터 한양으로 되돌아가기 위해 다시 거대한 행차가 시작됐어. 떠날 때와 마찬가지로 정조는 말을 타고 가면서 중간중간 혜경궁의 안부를 살피고 미음을 올렸지. 시흥 행궁에서 하룻밤을 머물고 16일에는 시흥 백성들을 직접 만나 고충을 들었어.

현릉원에 오갈 때나 이번 행차를 위해 길을 닦는 데 동원된 시흥 백성들의 노고를 생각하여 정조는 환곡을 탕감해 주고 부역도 줄여 주겠다고 했어. 7박 8일간, 한양 도성에서 시작해 화성 행궁과 현릉원을 오가며 벌어진 행복한 행차는 이렇게 끝이 났어.

화성 행차는 끝이 났지만, 마무리할 일들이 남아 있었어. 창덕궁으로 돌아온 뒤 정조는 가장 먼저 한강을 건너가기 위해 설치했던 배다리를 해체하라고 했어. 배다리가 한 달 가까이 설치되어 있어서, 뱃길이 막혀 백성들이 많이 불편했거든.

그러고는 유례가 없던 궁궐 밖 왕실 잔치의 준비를 도맡았던 정리소를 폐지하고, 후세에 참고할 수 있도록 그 과정을 상세히 정리한 의궤를 만들라고 지시했어. 행행에 동원된 군인들을 창덕궁 춘당대로 불러 노고를 치하하는 잔치도 열어 주었지.

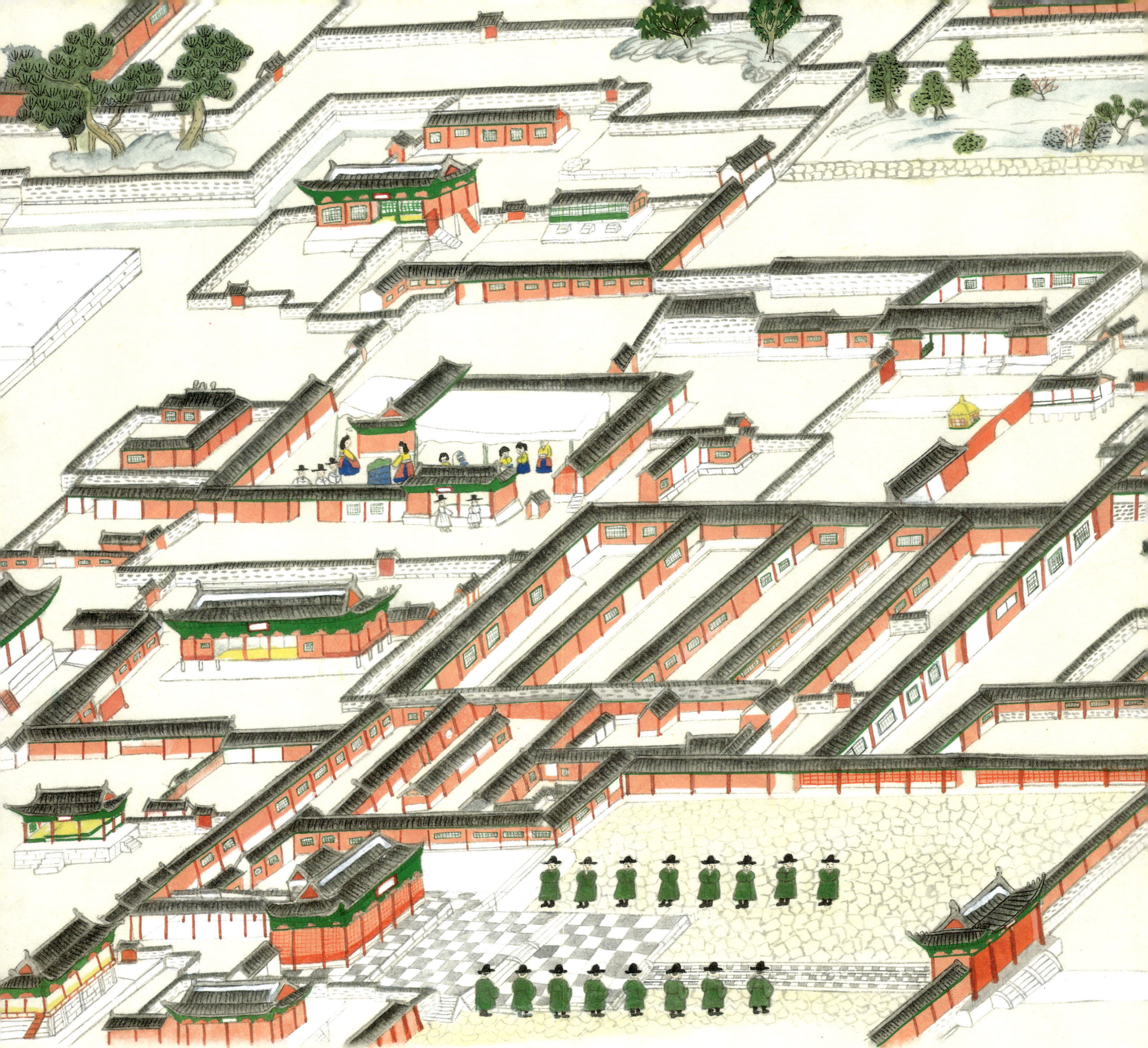

화성 원행이 끝나고 한참이 지나 여름이 되었어. 6월 18일은 혜경궁의 생신이었지. 신하들이 수차례 혜경궁에게 당일 잔치를 요청했다가 거절당했으나 잔치의 규모를 간소화하는 것으로 겨우 허락을 받았어. 이미 화성에서 잔치를 열었기 때문에, 혜경궁이 거처하는 창경궁 연희당에서 조촐하게 무병장수를 기원하는 글과 옷감을 올렸어. 잔치가 끝난 후에는 창경궁 홍화문에서 가난한 백성들에게 쌀을 나눠 주고 성균관 유생들을 대상으로 특별 과거

시험을 시행하면서 다시 한번 혜경궁의 환갑을 기렸어. 혜경궁의 은혜를 백성들에게 널리 알리려고 세금도 탕감해 줬지. 화성 원행은 역사상 유례가 없는 특별한 행사였어. 그래서 정조는 글과 그림으로 이를 기록하도록 했어. 의궤와 기록화가 온전하게 전해진 덕분에, 우리는 국왕과 국모의 행차와 즐거운 잔치, 이를 구경하는 행복한 백성의 모습을 살펴볼 수 있게 되었단다.

화성 행차를 기록한 책과 그림

조선 시대 궁중에서 벌어진 여러 행사를 사실에 기초해서 그린 그림을 기록화라고 해. 한데 조선 시대 궁중 기록화에 왕이나 왕비는 그리지 않았어. 한 나라를 대표하는 귀하고 높은 분이어서 함부로 얼굴을 그리지 않았던 거지. 그래서 왕이나 왕비를 상징하는 사물로 표현을 했어. 왕이 앉은 용무늬 의자, 왕의 자리 뒤편에 설치된 해와 달, 소나무와 파도가 그려진 일월오봉도 병풍이 대표적이야.

정조는 궁궐 밖에서 열린 유일무이한 화성 행차를 오랫동안 후세 사람들이 기억하기를 원했고, 또 이후에 왕실에서 행사를 열 때 이때의 행차를 바탕으로 잘 준비하기를 바랐어. 그래서 화성 행차를 준비하면서 관청끼리 주고받은 문서와 임금의 명령, 진행 경과 등을 모두 모아서 책으로 만든 것이 바로 《원행을묘정리의궤》라는 책이야.

정조는 화성 행차에서 열린 여러 행사를 기록화로 그리도록 했어. 이때 실시한 행사와 행차 장면을 그림 8폭으로 그리게 하고, 병풍 한 좌에 모았지. 이 그림들은 한순간의 장면을 사진기처럼 포착해서 그린 것이라기보다는, 한날 열린 여러 행사를 보여 주고 있어. 예를 들면 봉수당에서 열린 잔치를 그린 〈봉수당진찬도〉에는 각각 다른 때에 공연된 춤이 한가운데에 그려져 있지. 또 정조와 신하들이 낮에는 활쏘기를 하고, 야간에는 화포를 터뜨린 것도 〈득중정어사도〉라는 그림에 한꺼번에 그려져 있어. 이런 방식으로 많은 정보를 담아내는 것이 조선 시대 궁중 기록화의 특징이야.

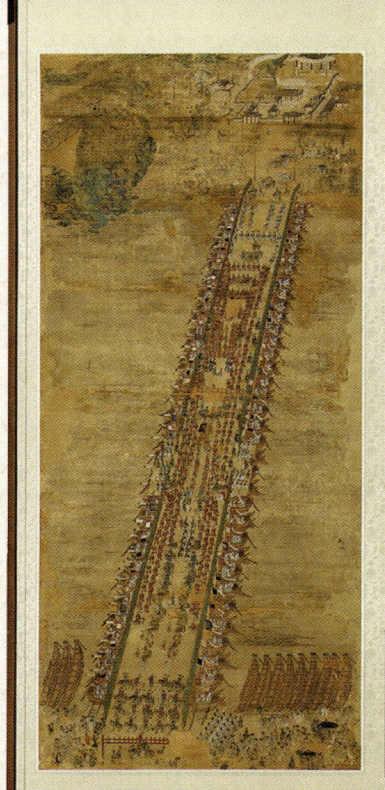

한강주교환어도(윤2.16)
노량진을 지나 한강 배다리를 건너 돌아오는 국왕의 행렬

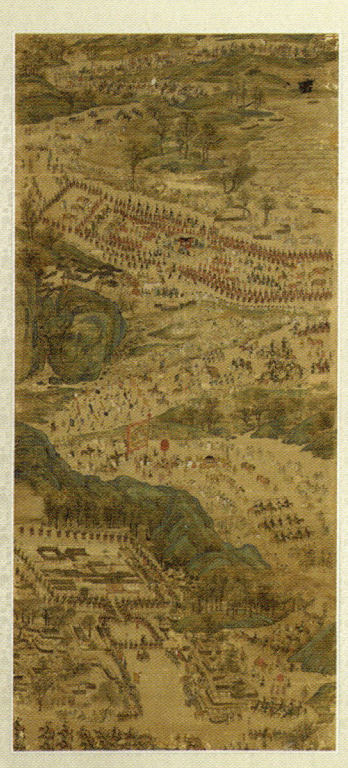

환어행렬도(윤2.15)
한양으로 돌아가는 길, 시흥 행궁에서 멈춤

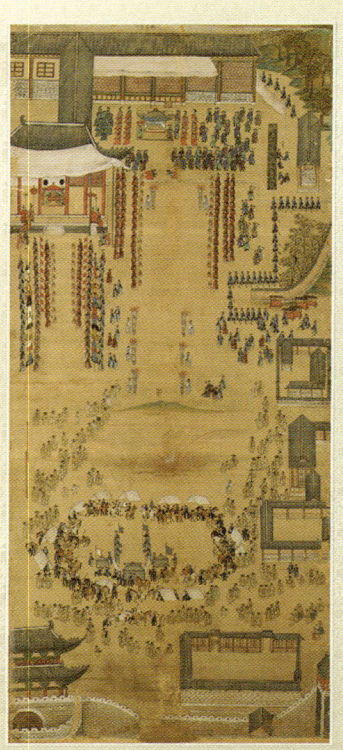

득중정어사도(윤2.14)
득중정에서 열린 활쏘기와 야간 불꽃놀이

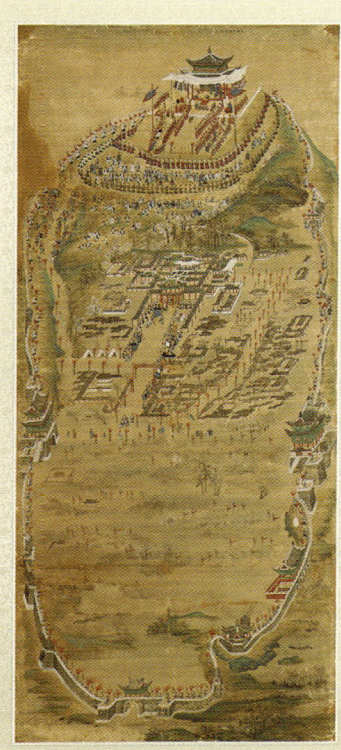

서장대야조도(윤2.12)
서장대에서 진행된 야간 군사 훈련

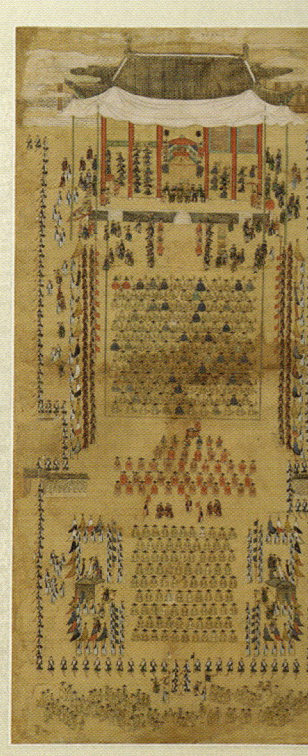

낙남헌양로연도(윤2.14)
낙남헌에서 열린 양로연

'화성원행도' 병풍, 1795년, 비단에 채색, 각 폭 151.2X65.7cm, 국립중앙박물관(덕1042)

왜 정조는 화성에서 잔치를 열었을까

화성 행차를 계획하고 실행한 조선의 제22대 국왕, 정조(1752~1800). 정조의 이름은 이산이야. 정조가 1795년에 어머니 혜경궁의 환갑잔치를 화성에서 연 이유를 알려면, 먼저 정조의 가계도를 살펴볼 필요가 있어.

정조의 할아버지는 영조이고, 부모는 사도세자(1735~1762)와 혜경궁이지. 사도세자는 영조의 두 번째 아들이야. 영조와 후궁 영빈 사이에서 태어났어. 영조의 큰아들이었던 효장세자(1719~1728)가 병으로 일찍 세상을 떴기 때문에, 영조는 사도세자가 태어났을 때 매우 기뻐했지. 두 살 때 사도세자를 왕세자에 책봉하고, 국가와 왕실의 여러 행사에 참여시키면서 엄격하게 가르쳤어. 사도세자는 열 살에 동갑내기였던 혜경궁과 혼인을 올렸지. 둘 사이에서 정조의 형, 의소세손이 태어났지만 정조가 태어나던 해에 죽었어. 그래서 정조가 왕세손으로 정해졌지.

사도세자는 영조의 기대와 달리 과도한 압박감과 여러 가지 이유로 마음의 병을 앓았다고 해. 기이한 행동을 일삼고 궁궐의 환관과 나인들을 괴롭히고 죽이는 참혹한 일도 벌였어. 참다 못한 영조는 1762년 초여름, 결단을 내렸어. 아들을 세자에서 평민으로 지위를 낮추고 뒤주에 들어가라고 명했어. 8일 뒤, 사도세자가 죽었어. 정조의 나이 열 살 때 일이었지.

사도세자가 죽고 나서 정조는 돌아가신 큰아버지인 효장세자의 양자로 들어가 왕위를 잇게 되었어. 영조는 정조에게 훗날 왕위에 오르더라도 절대 사도세자의 지위를 국왕으로 높이지 말라고 명했어. 이 때문에 혜경궁은 정식으로 왕세자와 결혼하고 아들을 낳아 국왕의 어머니는 되었지만, 왕비는 되지 못한 유일한 왕실 여성으로 남았지.

영조가 1776년 세상을 뜬 뒤, 정조는 23세에 왕위에 올랐어. 정조는 즉위 후 '과인은 사도세자의 아들'이라며, 부모 자식 간의 도리에 따라 사도세자와 혜경궁의 왕실 지위를 높이는 일들을 착착 벌였어. 수은묘라는 사도세자 무덤에 영우원이라는 새 이름을 지어 올렸어. 위패를 모신 사당의 이름도 수은묘에서 경모궁으로 바뀠어. 그러고는 매달 경모궁에 참배하러 갔지. 이듬해에는 어머니 혜경궁을 위해서 자경전이라는 전각을 지어 드렸어. 정조는 왕과 왕비가 되지 못한 부모님을 위해서 여러 가지 사업을 벌였어. 1795년 화성에서 열린 혜경궁의 환갑잔치도 결국 사도세자와 혜경궁에 대한 정조의 지극한 효심에서 시작된 것이라고 할 수 있어.

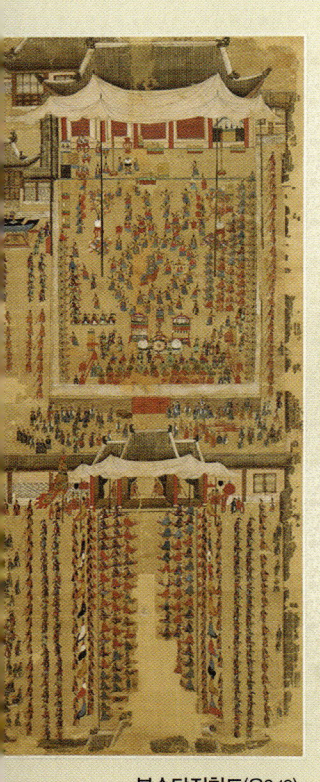

봉수당진찬도(윤2.13)
봉수당에서 열린
혜경궁의 환갑잔치

낙남헌방방도(윤2.11)
낙남헌에서 열린
과거 시험 합격자 발표

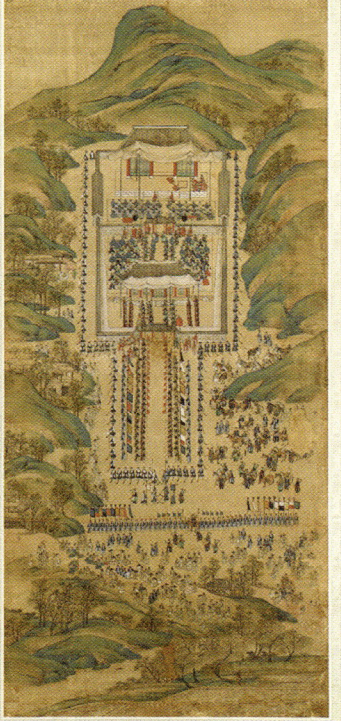

화성성묘전배도(윤2.11)
화성 향교 참배

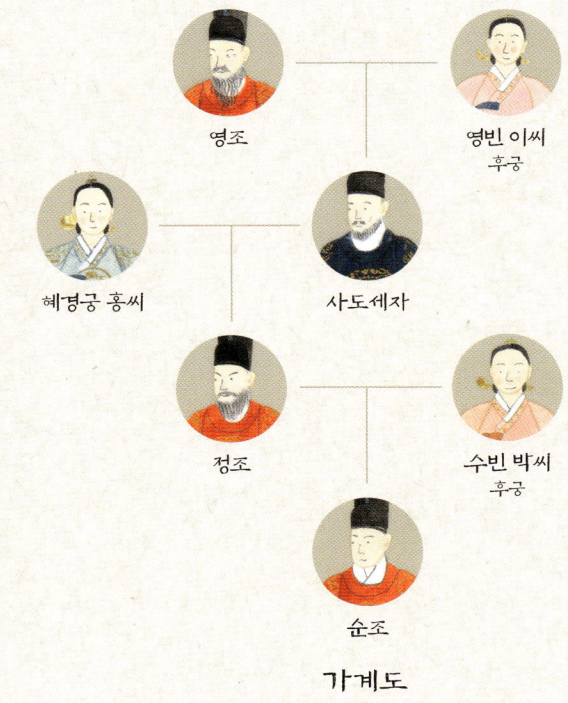

가계도

현륭원

현륭원은 사도세자가 묻힌 무덤이야. 1776년 정조는 국왕이 되고 나서 아버지의 묘소, 영우원을 다른 곳으로 이장하고 싶어 했지만 바로 시행하기는 어려웠어. 왕실의 무덤을 옮기는 일은 비용뿐만 아니라 여러 가지 정치적 파장을 불러일으킬 수 있는 문제였거든. 정조는 때를 기다리면서 자신의 뜻을 가까운 신하들에게 지속적으로 알렸고, 지관들을 시켜 무덤을 옮길 좋은 터도 알아보도록 했어.

1789년에 고모부, 금성위 박명원이 영우원이 비좁고 풍수가 좋지 않으니 이장을 해야 한다고 상소를 올리자, 이틀 만에 수원 화산이 새 무덤 터로 정해졌고 석 달 만에 무덤을 옮기는 공사가 끝났어. 정조는 모든 공사를 직접 감독하고, 영우원에 있던 사도세자의 관을 꺼낼 때도, 새로 이장하는 현륭원에 묻을 때도 직접 지켜보았어. 그리고 현륭원을 만들게 된 과정을 직접 글로 써서 무덤 안에 함께 넣었지.

왕이 되지 못하고 죽은 아버지를 위해 정조는 정성을 다했어. 왕릉처럼 만들 수는 없었지만, 일반적인 왕족의 무덤보다 훨씬 크고 왕릉에 버금가는 규모로 정성스럽게 만들었지. 그런 흔적은 봉분 주위에 세운 병풍석이나 석등, 석인, 석수 같은 섬세한 돌조각에서 확인할 수 있어.

거리로 따지면, 현륭원은 단종이 묻힌 영월 장릉을 제외하고 한양에서 가장 먼 거리에 있는 왕실 무덤이야. 그렇지만 정조는 현륭원을 만든 1789년부터 1800년에 세상을 뜰 때까지 13번이나 현륭원을 찾았어. 또 자신의 어진(임금의 초상화)을 현륭원 재실에 두고, 자신을 대신하여 아버지의 묘소를 지키고 봉양한다는 뜻을 담았어. 정조의 지극한 효심을 알 수 있지.

정조는 1800년에 병으로 세상을 떴어. 정조의 무덤, 건릉은 현륭원 바로 옆에 만들어졌어. 1815년에는 정조의 어머니, 혜경궁이 세상을 떴어. 혜경궁은 현륭원에 사도세자와 같이 묻혔지. 이 때문에 정조 이후의 국왕들은 자주 현륭원과 건릉에 참배하러 왔어. 사실 정조 이후에 왕위를 이은 국왕들은 모두 사도세자의 자손이거든. 순조부터 순종까지 17번이나 다녀갔어.

현륭원은 1899년에 융릉으로 이름이 바뀌었어. 명실상부한 황릉이 되었지. 1895년에 고종이 조선의 국호를 대한제국으로 바꾸고 황제의 나라를 선포하면서 사도세자를 '장조의황제'로 지위를 높였어. 이에 따라 자연스럽게 왕세자의 무덤이던 현륭원은 황제의 무덤으로 이름이 바뀌었지. 지금은 사도세자와 정조의 무덤을 함께 융건릉이라고 부르고 있어.

능과 원, 묘는 모두 무덤을 뜻하는 말인데 이 말을 쓰는 대상이 달라. 국왕과 왕비의 무덤은 능이라 하고 세자와 세자빈의 무덤, 왕위에 오른 아들을 낳은 후궁의 무덤은 원이라고 불렀어. 그 밖에 왕자와 공주, 대군 등의 무덤은 묘라고 불렀어. 그래서 국왕이었지만 정치를 잘못해서 폐위된 연산군과 광해군의 무덤은 묘라고 하지. 사진은 현재의 융릉(왼쪽)과 건릉(오른쪽)이야. (출처: 문화재청)

화성 행궁과 화성의 건설

혜경궁의 환갑잔치가 열린 화성 행궁은 1789년 현륭원을 만들면서 지어졌어. 국왕이 궁궐 밖으로 행차를 나갈 때 머물던 곳을 행궁이라고 해. 행궁은 화성뿐 아니라 전국 곳곳에 지어졌는데, 이 중에서 가장 규모가 크고, 건물이 아름다운 곳이 화성 행궁이야.

화성 행궁은 수원읍 관아가 있는 곳이기도 했어. 현륭원 자리에 수원읍 관아와 향교 등이 있었는데 현륭원을 지으면서 수원읍 관아와 향교 등을 지금의 팔달산 아래로 옮기고 행궁도 지었지. 정조는 1793년 수원읍을 화성유수부로 위상을 한 단계 높였어. 그리고 1794년부터 화성을 둘러싼 성곽을 짓기 시작하고 혜경궁의 환갑잔치에 필요한 여러 건물을 화성 행궁 안에 지으라고 명했어. 정조는 본래 1804년이 되면 세자(순조)에게 왕위를 물려주고 화성 행궁으로 내려와 살고 혜경궁의 칠순 잔치도 화성에서 열겠다고 다짐했지. 비록 그 꿈은 이루지 못했지만, 이러한 계획 때문에 화성 행궁을 짓는 데 심혈을 기울였던 것 같아.

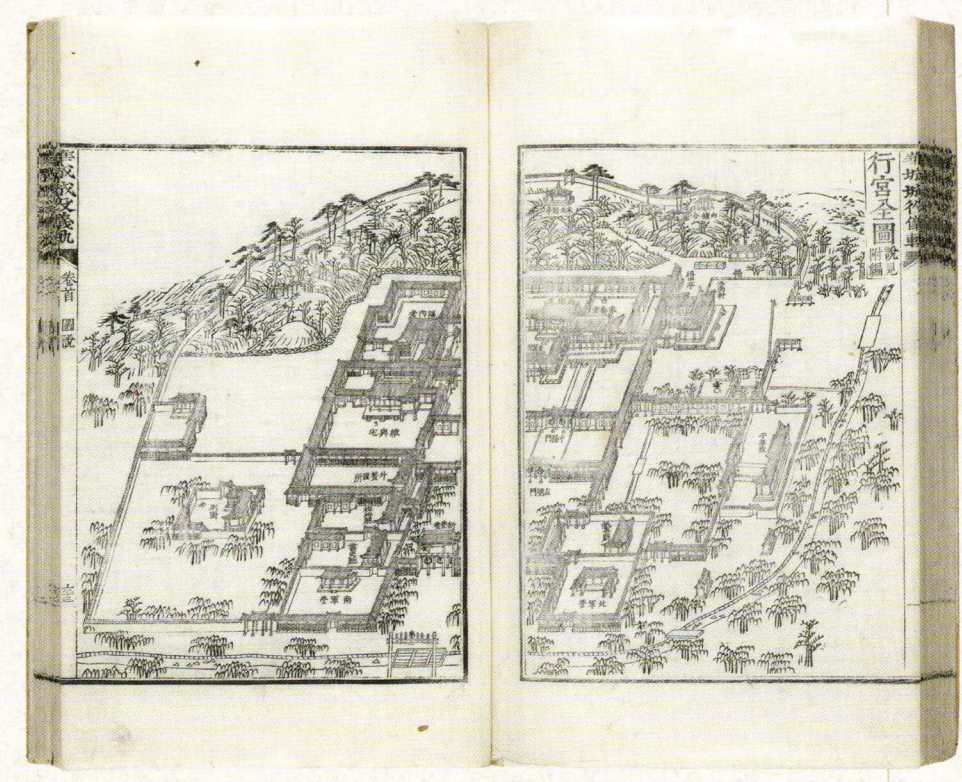

《화성성역의궤》에 실린 화성 행궁의 전체 모습. 행궁 뒤편이 팔달산으로 정상에 서장대가 있다.

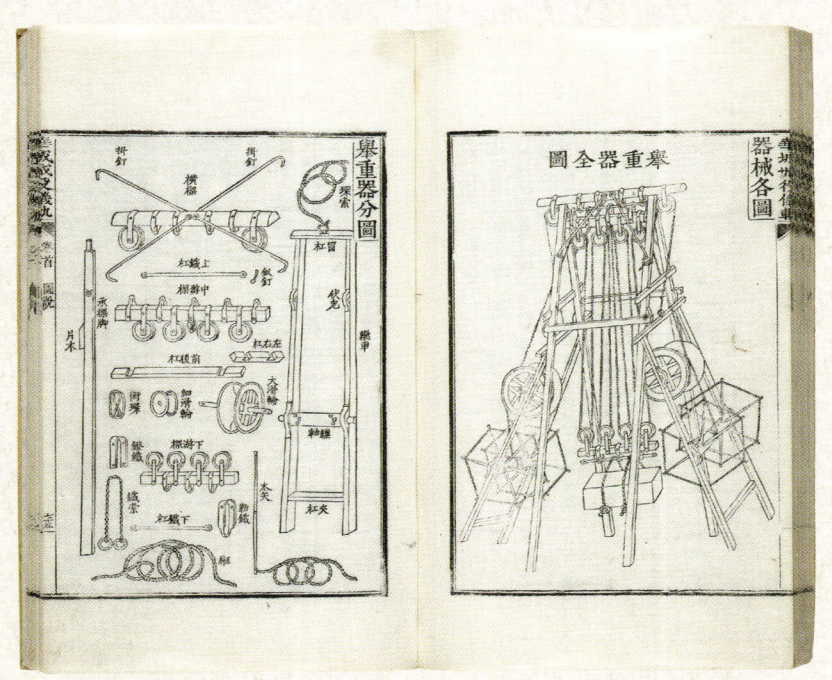

화성 성곽을 짓기 위해 새롭게 개발한 거중기와 거중기 부속 그림

화성 행궁과 화성 시가지를 둘러싼 화성 성곽은 1796년에 완공되었어. 화성 행궁과 성곽을 짓는 데는 새로운 공학 기술, 군사 방어 기술과 기계 장치를 사용했어. 적대, 공심돈, 포루 등은 이전의 성곽에서는 볼 수 없는 첨단 방어 시설물이고, 도르래의 원리를 이용하여 무거운 물건을 들어올리는 거중기와 녹로, 무거운 돌이나 목재를 나르는 수레인 유형거를 새롭게 만들었어. 이러한 사실들은 화성 행궁과 화성 성곽 건설에 관한 모든 과정을 기록한 《화성성역의궤》에 글과 그림으로 기록되어 있어.

일제 강점기를 거치면서, 도립 병원이 들어서고 초등학교가 들어서면서 화성 행궁이 많이 훼손되었어. 한국 전쟁 때는 성곽도 크게 훼손되었지. 그러나 《화성성역의궤》가 남아 있어서 조선 시대의 모습을 되찾을 수 있었어. 조선 시대의 원형을 잘 살려 복원한 덕분에 1997년에는 유네스코 세계문화유산 목록에도 올랐지.

왕실의 이동 수단, 가마

가마는 조선 시대의 대표적인 이동 수단이야. 가마는 앞뒤에 가마꾼이 들채를 메고 이동하는 수단인데, 국왕과 왕족, 신분이 높은 이들만 탈 수 있었어. 특히 궁궐에서 사용하는 가마는 이동 수단으로 사용되었을 뿐 아니라, 왕실의 권위를 세우고 위엄을 드러내었지.

'연'과 '여'는 국왕과 왕비, 왕세자가 타던 가마야. 연은 지붕이 있고, 여는 지붕이 없어. 공주와 옹주가 타던 가마는 '덩'이라고 불렀어. 같은 여와 연이라고 해도 지위에 따라 가마의 크기가 조금씩 달라지고, 각종 장식 문양이나 색상을 다르게 사용했어. 국왕의 가마는 붉은색에 금색, 용 문양으로 장식했고, 왕세자의 것은 사자, 흰 코끼리, 푸른 사자 등을 그려 넣었어. 왕비의 경우에는 주로 연꽃 문양으로 장식했어.

조선 후기에는 가교라고 해서 말 두 마리가 앞뒤에서 가마를 끌고 가는 방식을 주로 사용했어. 사람이 드는 것보다 안정감이 있고 빠르게 이동할 수 있었지. 혜경궁이 화성에 갈 때는 8명의 가마꾼이 동원되었어. 가교의 기본 형태는 연과 비슷하지만, 왕실 여성이 타는 만큼 좀 더 아름답게 장식했어. 문양이 있는 검은색, 붉은색 비단을 가마 위쪽 테두리에 달아서 멋을 냈어. 몸체는 연꽃 문양, 모란 넝쿨무늬, 장수를 뜻하는 한자 '수壽'와 박쥐 문양 등으로 장식해서 복과 장수를 기원하는 의미를 담았지. 오래 타고 이동해야 하기 때문에 내부에는 방석도 푹신하게 깔고, 사방에 기댈 수 있게 안석이라는 등받이와 팔 받침을 넣고, 탁자에 해당하는 서안과 음료를 담는 은병, 조명과 보온을 위한 촛대와 화로, 요강 등을 비치했어.

유옥교는 여성들이 타던 지붕이 달린 가마야. 혜경궁은 화성에서 현륭원에 갈 때 유옥교를 이용했어. 중국에서 들여온 녹색 무늬 비단과 붉은색 비단으로 장식했고, 가마의 몸체 바깥에는 대나무살을 가늘게 쪼개서 푸른 실로 엮고, 거북이 등껍질 문양으로 장식한 주렴을 달았어. 이외에 정조의 누이동생 청연군주, 청선군주가 타는 6인용 가마도 새로 만들었어. 일부 가마는 전에 있던 것을 고쳐 쓰기도 했지. 혜경궁의 가교 제작에는 2,785냥이 사용됐어. 오늘날 화폐 가치로 환산하면 약 1억 4천만 원에 해당하는 값비싼 이동 수단이야.

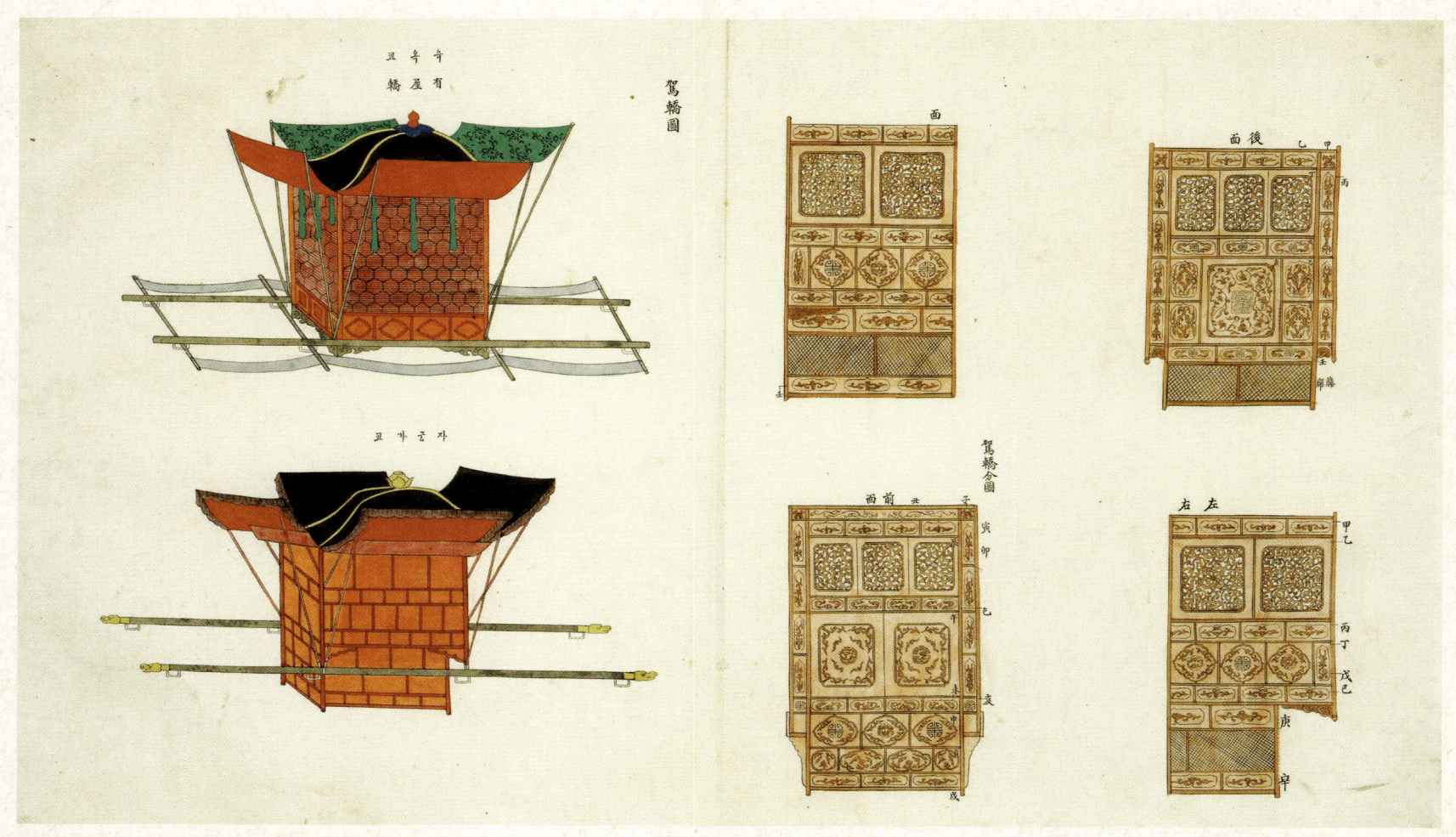

《원행정리의궤도》에 실린 혜경궁의 가마. 화성에 갈 때 타고 간 유옥교와 가교의 전체 모습과 가마의 벽체 목조각이 세밀하다.

화성 잔치에서 공연된 춤과 음악

유교를 국가 이념으로 택한 조선은 언제나 예에 따른 정치를 기본으로 삼았어. 그래서 많은 의례가 왕실, 관아, 국가 차원에서 열렸고 의례 행사에서 빠지지 않는 것이 바로 음악이었어. 예는 사회를 이루는 여러 구성원을 지위에 따라 다르게 구별하면서 질서를 이루는 원리였고, 음악은 이들을 하나로 만들어 조화롭게 한다고 보았지. 그래서 혜경궁의 장수를 축하하는 잔치에서 연주된 음악은 탄신을 축하하는 의미도 있지만, 왕실과 백성이 하나 되어 즐긴다는 의미를 담고 있어.

혜경궁의 장수를 축하하는 봉수당 잔치에서 피리, 대금, 당적, 통소, 해금과 장고, 교방고 등의 악기를 연주했어. 원래 궁궐에서 여는 잔치에는 편종과 편경, 방향, 건고 등이 빠지지 않는데, 혜경궁을 위한 잔치는 궁궐 밖 화성 행궁에서 열렸기 때문에 들고 나르기에 불편한 악기는 제외했던 것 같아. 또 혜경궁이 정식으로 즉위한 왕비가 아니어서 음악에도 차등을 두었는지도 몰라.

봉수당 잔치에서는 참석자들이 혜경궁의 장수를 기원하면서 술잔을 올렸어. 총 7번을 올렸는데, 맨 처음에 정조가 술잔을 올렸어. 이때 '여민락'과 '환환곡'이라는 음악이 연주되고 복숭아를 올려 장수를 기원하는 '헌선도'라는 춤을 추었지. 그다음에는 차례대로 다른 이들이 술잔을 올리고 우리나라 전통에 바탕한 음악과 중국에서 들여온 음악에 맞춰 여러가지 춤을 선보였어. 이날 행사에서는 장수를 기원하거나 임금의 덕을 강조하거나 잔치의 흥을 돋우기 위한 내용의 춤을 주로 추었지.

궁중 잔치에서 악기는 남성들이 연주했어. 춤은 어린 남자아이나 관청 소속의 기녀를 선발해서 가르쳤어. 이날 잔치는 혜경궁이 주인공이었기 때문에 춤은 모두 여성 기녀들이 담당했지. 이들이 춤을 출 때 입었던 옷이나 도구 등은 모두 나라에서 마련해 줬어. 그리고 춤을 춘 공연비에 점심값도 챙겨 주고, 멀리서 온 관기들에게는 노잣돈까지 줬지.

건고

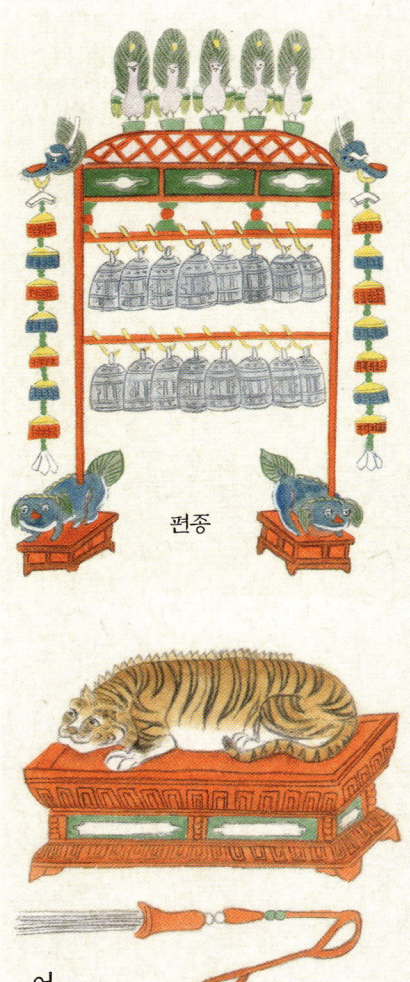

편종

어

편경

궁중 연회에서 사용되는 악기들. 1795년의 화성 잔치에는 연주되지 않았지만, 1809년 혜경궁의 관례(성인식) 60주년을 기념하여 창경궁 경춘전에서 열린 잔치에서는 사용되었다.